Patricia Lowey

Schule zwischen Kritik und Programmatik: Schwerpunkt Schulschwänzer

GRIN Verlag

Bibliografische Information der Deutschen Nationalbibliothek:

Die Deutsche Bibliothek verzeichnet diese Publikation in der Deutschen National-bibliografie; detaillierte bibliografische Daten sind im Internet über http://dnb.d-nb.de/ abrufbar.

Impressum:

Copyright © 2006 GRIN Verlag GmbH
Druck und Bindung: Books on Demand GmbH, Norderstedt Germany
ISBN: 978-3-656-17019-8

Dieses Buch bei GRIN:

http://www.grin.com/de/e-book/74583/schule-zwischen-kritik-und-programmatik-schwerpunkt-schulschwaenzer

Patricia Lowey

Ausarbeitung des Referats

„Schule zwischen Kritik und Programmatik"
Schwerpunkt Schulschwänzer

Seminar

„Was kann Schule leisten"

Universität Münster

Inhaltsverzeichnis

1. Einleitung

1.1. Gespräche mit Jugendlichen Schulschwänzern

In vielen Artikeln die sich mit dem Thema Schulschwänzen befassen, finden sich Hinweise, dass Schulschwänzer statt zur Schule zu gehen sich z.b. in den Kaufhäusern aufhalten. Um einen besseren Hintergrund über das Thema zu finden, ist es meiner Meinung nach sinnvoll mit denjenigen zu sprechen die das Thema betrifft. Daher bin ich morgens in die Kaufhäuser gegangen um herauszufinden ob diese Behauptung stimmt und um mit den Jugendlichen zu sprechen. Es war gar nicht schwer mit den Jugendlichen ins Gespräch zu kommen. Die meisten waren sogar gern dazu bereit mir zu erzählen warum sie nicht in der Schule waren. Da die Gespräche beinah alle gleich anfingen verzichte ich darauf jedes einzelne von Anfang an darzustellen[1].

Julian (14) spielt auf der Playstation in einem Kaufhaus, er unterbricht das Spiel nicht, erzählt mir aber nebenbei warum er hier ist. Er geht auf die Hauptschule[2] und meint, dass er sowieso keine Perspektive hat. Einen „Job mit dem Abschluss, ist doch mehr Glück als alles andere" sagt er, dann fragt er ob ich glaube mit meinem Studium „was zu reißen?". Seine Lehrer sind seiner Ansicht nach froh, wenn ein paar nicht zum Unterricht kommen. Mit viel zu vielen Schülern „können die doch eh nichts anfangen". Ihm macht der Unterricht wenig Spaß, dass meiste ist „eh langweilig", die Lehrer scheinen ihm eher unmotiviert und gehen seiner Aussage nach, nicht auf die Themenwünsche in der Klasse ein. Mit Sabrina (16) ist es ähnlich. Sie hat das Gefühl die Lehrer interessiert es nicht wirklich was die Klasse, oder Einzelne wollen. Eigentlich möchte sie einen guten Realabschluß machen, nur „jetzt ist grade Mathe, da versteh ich nicht so viel". Auf meine Nachfrage ob es nicht dann erst Recht

---

[1] Die Gespräche fingen fast zu 100% mit der Frage an ob ich ein „Bulle" oder etwas in der Art sei und warum mich das ganze überhaupt „was angeht", bzw. interessiert.

[2] Ich habe keine Informationen welche Schule jeweils gemeint ist, die Jugendlichen haben es nicht gesagt, und ich habe nicht gefragt

Sinn macht da zu sitzen guckt sie mich erst mitleidig an. Sie hat das Gefühl, den Lehrer mit ihren Fragen zu stören. Nach einer kurzen Pause meint sie dann allerdings, sie fragt nicht gern. Entweder die anderen lachen sie aus, oder sie wird als Streberin verspottet. Sabrina ist kein besonders hübsches Mädchen, etwas zu „fett" wie „alle" sagen. Dabei wirkt sie auf mich intelligent und freundlich, es macht Spaß sich mit ihr zu unterhalten. Wir reden noch über Schulen allgemein und wie man sie verbessern könnte. Sabrina glaubt, dass nicht alle Schulen „scheiße" sind und das man viel erreichen könnte. Sie sieht viele Fehler bei den Lehrern, räumt aber auch ein, dass die Schüler „auch viel falsch machen". Sie findet „Uni cool" traut sich aber nicht zu, dass sie jemals so weit kommt.

„„Mara""[3] ist wie aus einem Fallbuch für Schulschwänzer, sie ist 14 und das was die Jungs, ihrer Meinung nach „scharf" finden. Lange schwarze Haare, südländisches Aussehen und viel Figur. Sie redet mit ausländischem Akzent, der sich aber im Laufe des Gesprächs zu verlieren scheint. „Mara" klaut, ihrer Aussage nach gern mal Kleinigkeiten, „nur wegen dem Nervenkitzel". Sie hat „kein Bock" auf Schule, da lernt sie nichts was ihr im Leben hilft. Sie wackelt mit ihrem Hintern und meint „wer so n Arsch hat", der hat auch immer genug „Typen" die er „stramm stehen lassen kann". Auf meine Frage, was sie macht, wenn der „Arsch mal anfängt zu hängen", wirft sie den Kopf in den Nacken und meint „ich hab ja noch meine Titten". „Mara" treffe ich zwei Wochen zufällig wieder. Sie spricht mich einfach an und fragt mich ob ich Lust hätte mit ihr zu „quatschen". Sie wirkt viel ruhiger als beim ersten Mal. Letzte Woche ist sie beim klauen erwischt worden, „hat ordentlich was gegeben zu Hause". Sie fragt mich ob ich überhaupt wüsste was so „an der Schule abgeht". Sie ist deutsch-türkischer Abstammung, „für die einen n Flittchen, für die anderen 'ne Tussi", meint sie selbst ironisch. Sie wollte damals nicht auf die Hauptschule, konnte aber nicht viel mitreden. Am Anfang habe sie noch versucht den Absprung auf

---

[3] Ich bin nicht sicher ob das ihr echter Name ist.

die Realschule zu schaffen. Schwierig wurde es, beim Lehrerwechsel[4], die neue Lehrerin konnte sich bei den „Pissern" nicht durchsetzen. Einer von denen „muss ja auch dauernd meinen Arsch betatschen, is wie ne Sucht bei dem, echt". In der Klasse sind fünf Jungen die es scheinbar unmöglich machen, einen normalen Unterricht zu halten. Auf Nachfrage wie die anderen den reagieren, schnaubt sie nur abfällig. Sie reibt ihren Arm und meint, „alles scheisse ey, die Flachhennen trauen sich eh nichts". Sie schiebt die Ärmel hoch und zeigt mir den Arm, er ist grün und blau, „weil ich's Maul zu weit aufgemacht hab".[5]

So in der Art waren alle Gespräche. Der Frust und das Gefühl nicht ernst genommen zu werden, ist bei allen deutlich geworden. Daraus kann man nicht ableiten, dass alle Lehrer und Schulen in Deutschland schlecht sind. Vielmehr ist zu sehen, dass es ein Problem gibt, welches von beiden Seiten aus zu betrachten ist.

---

[4] Der Lehrer ist wohl mitten im Jahr versetzt worden

[5] „Mara" und ich sind noch viele Möglichkeiten durchgegangen die ihr vielleicht helfen können. Z.B. Anlaufstellen wo sie Hilfe bekommt.

2. Schulschwänzer in Deutschland – offizielle Statistiken oder Meinungen

Viele Zahlen von Schulschwänzern sind eher geschätzt als statistisch erhoben. Die Bertelsmann Stiftung kommt z.B. auf ca. 500 000 Schüler die regelmäßig fehlen, andere Quellen schwanken zwischen 300.000 und 700.000 Schülern. Übereinstimmungen findet sich in den Altersangaben, die größte Zahl der Schulschwänzer beginnt mit frühestens 13 Jahren die Schule zu schwänzen und am wahrscheinlichsten ist die Zeit zwischen dem 14ten und 15ten Lebensjahr. Schulschwänzer scheinen ein unangenehmes Thema zu sein, vielerorts beschäftigt man sich viel zu wenig damit. Dafür spricht schon das fehlen verlässlicher Zahlen.[6] Auffällig ist, dass vor allem die schlechteren Schüler schneller den Unterricht schwänzen. Diese werden durch das Fehlen im Unterricht noch schlechter, was zu noch mehr Frust auf beiden Seiten führt. Ursachen sind vielfältig aufzuführen, die schlechten Leistungen sind nur ein Punkt. Weitere Gründe für Schulschwänzen können sein, Klassen interne Konflikte mit denen Einzelne nicht zurecht kommen und sich der Situationen durch Schwänzen entziehen, durch Gruppendruck entstandene Situationen, oder Schwierigkeiten in der Familie. Schulverweigerung ist nicht der Anfang eines Problems, es ist häufig das Resultat nicht erkannter Probleme. Um überhaupt verlässliche Zahlen zu bekommen, so Klein, muss man den Umweg über Bußgeldstellen gehen. Da auch in Deutschland bei wiederholtem Schwänzen Bußgelder verhängt werden, ist darüber zumindest eine grobe Anzahl der wiederholten Schulschwänzer zu erfassen. Das gilt jedoch nicht für alle Bundesländer und ist auch oft nur Stichprobenartig vorhanden. Viel zu oft werden Fälle von Schulschwänzen nicht erfasst. Rechtlich gesehen sind Lehrer und Schulleiter dazu verpflichtet Schulschwänzer zu melden. In der Ausgabe von November 2005 der Broschüre „Rechtsicher handeln in der Schule" vom

---

[6] Artikel von Michael Klein aus „Die Welt" 14. Mai 2003

Deutschen Jugendinstitut (DJI) heißt es, dass eine steigende Tendenz bzgl. Schulverweigerung festzustellen ist. Die Broschüre richtet sich an Schulen und zeigt auf, wie sie sich verhalten sollten, um rechtlich sicher zu sein. Der erste Schritt umfasst das Informieren der Eltern über die Schulpflicht. Bei einem unentschuldigten Fehlen muss nach spätestens 2 Tagen eine Kontaktaufnahme zu den Eltern erfolgen. Bei wiederholtem Fehlen wird als 2. Schritt ein persönlicher Kontakt zu den Eltern gefordert. Das können Hausbesuche des Lehrers sein, der im persönlichen Gespräch eher einen Eindruck gewinnen kann, welche Ursachen das Fehlen hat. Bringt der persönliche Kontakt keine Abhilfe, oder kommt er nicht zustande, ist eine schriftliche Belehrung der Eltern über die Rechtslage nötig. Erst dann wird die Schulpflichtverletzung der zuständigen Ordnungsbehörde gemeldet.

3. Mögliche Ursachen der Schulverweigerung

Gründe oder Auslöser für das Schulverweigern gibt es viele. Probleme in der Familie sind ein Bereich, ebenso Leistungsprobleme, oder Konflikte in der Schule. Beginnende Anzeichen können im Unterricht sein: weniger Aufmerksamkeit seitens der Jugendlichen, Leistungsabfall aber auch Leistungsverweigerung. Hier empfiehlt es sich, möglichst früh das Gespräch mit dem Schüler zu suchen. Bestehen Konflikte im Elternhaus, wie z.b. die Trennung der Eltern, so könnte bei dem Jugendlichen Hilfebedarf bestehen, der nicht unterschätzt werden sollte. Psychosomatische Beschwerden können ebenso wie häufiges zu spät kommen Anzeichen sein, welche dem Schulschwänzen vorausgehen. Eltern die mit ihren Kindern regelmäßig über den Unterricht sprechen, können eher erkennen, dass sich Probleme anbahnen.

Schwierigkeiten im Umgang mit den Klassenkameraden machen es Jugendlichen oftmals schwer in die Schule zu gehen. Konflikte können leicht in gewalttätigem Verhalten enden, können nicht mehr ertragen werden. Dies hat oftmals zur Folge, dass die Jugendlichen versuchen sich dem durch Schulschwänzen zu entziehen. Das Gefühl im Unterricht nicht mit zu kommen, Konflikte mit dem Lehrer oder Versagensängste sind mögliche Gründe, die zu Schulverweigerung führen können.

Schwänzt der Jugendliche bereits die Schule ist ihm nicht gedient, wenn Eltern oder Schule strafen ohne den Hintergrund des Problems zu beleuchten. Lösungen zu suchen und herauszufinden weshalb der Jugendliche die Schule verweigert, kann Schulschwänzen verhindern, bzw. stoppen.

4. Prävention gegen Schulverweigerung

Schulschwänzen ist nichts, was all zu leicht genommen werden sollte. Es gibt nur verschwindend geringe Zahlen von „Quereinsteigern", die ohne Abschluss eine große Karriere machen. Wahrscheinlicher ist der Weg vom Schulverweigerer zum Sozialfall. Jugendliche die in der Schule nicht mitkommen, bekommen einen schlechten oder schlimmstenfalls gar keinen Abschluss. Wie gehen Schulen und Eltern also um mit dem Problem? In wie weit sind die Behörden gefordert oder engagieren sich bereits? Vorschläge wie von dem brandenburgischen Innenminister Jörg Schönbohm, dass man „extrem kriminelle Schulschwänzer" mit elektronischen Fußfesseln kontrollieren sollte, ist keine sinnvolle Möglichkeit um dem Problem zu begegnen[7]. Bußgelder und Kürzungen des Kindergelds sind ebenfalls in manchen Bundesländern als Sanktion gegen die Eltern eingeführt worden. Die Polizei greift Jugendliche in Spielhallen und Kaufhäusern auf und bringt sie zur Schule.

Viele Politiker und Pädagogen sind sich allerdings einig, dass Strafaktionen keine wirksamen Mittel sind um gegen Schulschwänzer vorzugehen.

Eltern und Schule erreichen keine Erfolge, wenn sie Schulschwänzer bestrafen, dennoch werden eher Sanktionen verhängt, als im Vorfeld Präventionen auszuarbeiten. Unterschiedliche Reaktionen von Eltern sind Hausarrest, Taschengeldentzug, oder Schläge gegen die Schulschwänzer[8]. Positiv sind Reaktionen der Eltern, die sich an die Schule wenden oder mit den Kindern lernen um dem Problem der schlechten Noten entgegen zu wirken. Hilflosigkeit an den Schulen drückt sich häufig durch Ausschluss vom Unterricht aus.

---

[7] Aus dem Artikel „Der General,der macht alles sauber" von Jochen Leffers in Spiegel Online 2003

[8] Schulschwänzer aus Frust Jugendinstitut untersucht Ursachen der Unterrichtsverweigerung - Bundesweites Netzwerk gegründet von Renate Kingma

Wichtig ist es, Antworten auf die Frage zu finden, wie man Schule und Eltern dazu bringen kann, die Probleme die hinter dem Phänomen des Schulverweigerns liegen wahrzunehmen. Da die Probleme nicht „über Nacht" entstehen, kann eine Beobachtung der Kinder im Vorfeld vor Schulschwänzen schützen. Lehrer, die bei Schülern Rückzugsverhalten oder Isolierung in der Klassenstruktur feststellen, sollten sich nicht scheuen Kontakt zu den Eltern und dem betroffenen Schüler zu suchen. Zusammenarbeit von Schulen und Jugendhilfe ist eine Möglichkeit bei Problemsituationen zu handeln. Schulmüdigkeit kann auch immer ein Zeichen sein, dass Schule sich verändern muss. Ängste bei Übergängen spielen eine nicht zu unterschätzende Rolle bei Kindern, die schon mit 10 oder 11 Jahren zu schwänzen beginnen. Diese Ängste ernst zu nehmen ist ebenfalls wichtig und sollte sowohl im Lehrerkollegium, als auch bei den Eltern Beachtung finden. Ein positives Lernklima kann viele Probleme von vorn herein verringern. Hilfreich wäre es, Kindern und Jugendlichen Möglichkeiten zu bieten, bei persönlichen Problemen Anlaufstellen aufzusuchen. Nicht immer sind Lehrer oder Eltern geeignete Ansprechpartner. Eine von Außen kommende unabhängige Unterstützung für die Schüler wäre denkbar. Schulen, an denen neben den Lehrkräften auch Sozialarbeiter, Erzieher und Psychologen arbeiten, haben eine niedrigere Schulwänzerrate als andere.

Besondere Aufmerksamkeit ist auf die frühen Anzeichen der Schulmüdigkeit oder anderer Probleme zu richten. Da nicht alle Anzeichen so eindeutig einzuordnen sind, ist eine Zusammenarbeit aller pädagogischen Fachkräfte und Eltern von Vorteil. Beobachtungen zu dokumentieren, um sie dann im Team zu besprechen, kann eine gute Grundlage für besseren Austausch mit anderen sein, der wiederum zu einem komplexeren Gesamtbild führen kann. Eltern und Jugendliche fühlen sich oft allein gelassen, mit ihren Sorgen und Problemen. Konflikte mit dem Lehrer können verhindern, dass sie eine Vertrauensposition einnehmen. Schulsozialarbeiter können dem Abhilfe schaffen. Lehrer sollten die Möglichkeit haben sich speziell in diesem Bereich weiter bilden zu können, da auch hier viele Unsicherheiten bestehen, die Konfliktlösungen im Wege stehen können. Oftmals bewährt sich eine

Kombination des Lernens und einer praktischen Arbeit. Jugendliche, die eine Herausforderung suchen können hierdurch erste Erfolge erfahren. Zusammenarbeit mit verschiedenen Betrieben, die Jugendlichen neben der Schule die Möglichkeit bieten eben solche Erfolge zu erreichen, wird bereits mit durchaus positiven Ergebnissen praktiziert[9]. Elternarbeit sollte dabei nicht im Sinne einer Kontrolle verstanden werden, sondern vielmehr als partnerschaftlicher Versuch Veränderungen zu ermöglichen. Hierin liegen Möglichkeiten der Prävention oder Abwendung der Probleme, die sich mit dem Phänomen des Schulschwänzens ergeben.

Genutzt werden sie in verschiedenen Projekten. Eines davon ist vom Niedersächsischen Kultusministerium, dass nachfolgend vorgestellt wird.

---

[9]

5. Projekt gegen das Schulschwänzen

Die Niedersächsische Landesregierung hat ein Programm zur Vermeidung unentschuldigten Fehlens in der Schule (Schulschwänzen) aufgelegt[10].

Schulverweigerung ist ein Problem, das zu steigenden Lern- und Leistungsdefiziten in der Schule führt. Schule und Schulabschlüsse sind maßgeblich für den beruflichen Werdegang verantwortlich. Eine Befragung der Schüler und Lehrer im Rahmen des Projektes hat ergeben, dass Schulschwänzen weitaus verbreiteter ist, als man allgemein angenommen hat. Es ist aber kein rein schulisches Problem.

Eine Seite der Problematik stellen kriminelle Handlungen der Jugendlichen dar welche diese während der Zeit begehen, in der sie die Schule schwänzen. Weitere Untersuchungen belegen, dass, je häufiger Schüler im Unterricht fehlen, umso höher ist die Wahrscheinlichkeit der Begehung einer Straftat. Dabei handelt es sich u.a. um Diebstähle, aber auch zunehmend um Gewaltdelikte. Oftmals ist ein Zusammenhang zwischen persönlichen Problemen und Schulverweigerung zu finden. Dieser Studie nach sind Kinder und Jugendliche aufgrund der heutigen gesellschaftlichen Bedingungen immer mehr auf sich allein gestellt. Familien bieten immer weniger Hilfen den Alltag zu strukturieren, da sie sich selber im Wandel befindet. Schule selbst ist dabei keine Insel der Beständigkeit. Im Prozess der Umstrukturierung der Gesellschaft, sollte die Schule ein Ort sein, der mehr Verlässlichkeit, Vertrauen und soziale Stabilität bietet. Häufig ist der normale Schulalltag geprägt von ausfallenden Stunden und unentschuldigtem Fehlen. Dabei sind die Gründe wie in 3. beschrieben sehr vielfältig. Den Daten des Projektes nach schwänzen Jugendliche von „Berufsschulen, Haupt- und Sonderschulen" eher den Unterricht, als in anderen Schulformen. In der heutigen gesellschaftlichen Situation sollte die Schule nicht mehr nur eine Institution sein, die lehrt. Schule

---

[10] http://www.mk.niedersachsen.de/master/C1635963_N1538763_L20_D0_I579,00.html

hat den Auftrag ein „stabiles System aus Vertrauen, Verlässlichkeit, Hilfen und Wissensvermittelung" zu bieten. Jugendliche die über einen längeren Zeitraum die Schule schwänzen, tun dies nicht ohne Gründe. Die persönlichen Krisen, Probleme im sozialen Umfeld und Konflikte mit den Lehrern sind im Schulalltag zu spüren. Da die Gründe und Probleme so vielfältig sind, sind sie auch so schwer zu lösen. Wichtig ist, dass alle Betroffenen nicht allein gelassen werden. Kommunikation zwischen Eltern und Schule muss vielfältiger werden.

Dazu gehört auch ein Beratungssystem und Hilfe durch verschiedenste Stellen. Im Projekt sind verschiedene Mittel zur Lösung des Problems angesprochen. Neben Fortbildungsmaßnahmen für Lehrkräfte sind u.a. auch Unterstützungen durch Sozialarbeiter angesprochen. Fehlzeiten sollen statistisch erfasst werden können. Polizei und Ordnungsbehörde wurden informiert und es entstanden im Rahmen des Projektes Vordrucke die eine Korrespondenz zwischen Schulen und Behörden erleichtern sollen.[11] Die Polizei arbeitet im Rahmen jugendspezifischer Präventionenskonzepte mit anderen Stellen eng zusammen. In Absprache mit den Schulen, sind Beamte unterwegs um Jugendliche aufzugreifen und zur Schule zurück zu schicken. Fehlzeiten sollen mit den Eltern und dem Kollegium besprochen werden, um mögliche Ursachen heraus zu finden. Schulverweigerern sollte jeweils ein individuelles Hilfsangebot gemacht werden können. Unterstützende Maßnahmen für die Eltern der betroffenen Schüler werden in Zusammenarbeit mit den verschiedenen Institutionen ermöglicht. Dabei wird immer darauf geachtet, dass Schule und Elternhaus zusammenwirken. Helfen kann dabei das „Präventions- und Integrationsprogramm (PRINT), das ein landesweites Netz der Prävention von Jugendhilfe und Schule knüpft. Das Programm gegen Schulschwänzen spricht sich für eine Installierung eines Informations- und Kooperationssystem aus. Schulen werden ermutigt, vorrangig mit erzieherischen Mitteln zu reagieren. Diese sollten dabei durch die verschiedensten Institutionen unterstützt werden.

---

[11] Im Anhang

Schulschwänzer lösen in der Klassengemeinschaft gemischte Gefühle aus. Das Thema in der Klasse anzusprechen hilft der ganzen Klasse. Mitschüler wissen oft mehr, als die Lehrer und können so dazu beitragen das Problem zu lösen. Das Motto „Schüler helfen Schüler" kann vielfältig genutzt werden. Lerndefizite durch Mitschüler ausgleichen und somit ein Problem verringern. Fehlzeiten erfassen und benennen. Die Daten dokumentieren und auch mit den Behörden zusammenarbeiten. Eltern informieren und ihnen helfen, nicht sie anklagen.

Das Projekt und auch andere Initiativen können helfen, dass Problem zu verringern. Wichtig ist in allen Fällen eine bessere Kommunikation zwischen den Beteiligten. Das schließt die Jugendlichen mit ein.

Literaturverzeichnis

http://morgenpost.berlin1.de/content/2006/01/04/wissenschaft/801987.html
Schulschwänzer aus FrustJugendinstitut untersucht Ursachen der
Unterrichtsverweigerung - Bundesweites Netzwerk gegründet Von Renate Kingma

https://www.vnr.de/shop/starte-411632.htm

Broschüre „Rechtssicher handeln in der Schule Schulschwänzer - 5 Schritte für ein
rechtssicheres Vorgehen"

http://www.dji.de/9_dasdji/welcomeseite_dateien/news_0510_4_pkabstract_PK
_schulverweigerer.pdf

Man nennt sie „Schulschwänzer" Ergebnisse von Untersuchungen des DJI in Schulen
und Projekten der Jugendsozialarbeit

http://www.gew-berlin.de/blz/3293.htm

Schulschwänzer brauchen Hilfe, keine Fesseln Schule muss durch Lebendigkeit und
Begeisterung Menschen an sich binden. von Karlheinz Thimm

http://www.versicherungen.de/schulschwaenzer.0.html

http://morgenpost.berlin1.de/content/2006/01/04/wissenschaft/801987.html

http://www.spiegel.de/unispiegel/schule/0,1518,270680,00.html

Aus dem Artikel „Der General,der macht alles sauber" von Jochen Leffers in Spiegel
Online 2003

http://www.spiegel.de/unispiegel/schule/0,1518,183630,00.html

LUSTLOSE SCHÜLER "Schwänzer sind Störenfriede" Von Michael Krechting

http://cdl.niedersachsen.de/blob/images/C14520358_L20.pdf

Das Modellprojekt gegen Schulschwänzen (ProgeSs) in Niedersachsen: Ergebnisse
der Evaluation